Рассказы на испанском
Уровень C1-C2 - Книга 1
- С АУДИО -

для изучения испанского языка как иностранного

Скачайте аудио к этой книге:

Шаг 1: Зайдите на Esidioma.com/extras

Шаг 2: Введите этот код:

AF874343

AdAyR

Нужна помощь? Напишите нам: info@Esidioma.com

Esidioma
esidioma.com

Índice

Esidioma

esidioma.com

Изучайте испанский с нами!
Если Вы хотите улучшить свои языковые навыки,
у нас есть все, что Вам нужно.

Тексты: Хосе Антонио Сантьяго
Дизайн: команда Esidioma
Изображения: pexels.com
ISBN - 978-84-16971-98-5
Legal Deposit - AS 02235-2024

Texto 1 Modismos y frases hechas

achaques de la edad: недуги пожилого возраста

traer a alguien por la calle de la amargura: омрачать кому-то жизнь, вызывать постоянный стресс

horas intempestivas: необычное или неудобное время, часто в ранние или слишком поздние часы

forjar una amistad: завести дружбу с кем-то

a prueba de bombas: крепкий, нерушимый

estar entrado en años: быть в возрасте, в годах

estar entrado en carnes: иметь лишний вес, быть полноватым

hincar el diente: начать есть, положить на зуб

ser testigo mudo: быть немым свидетелем

cada dos por tres: то и дело, постоянно

las tantas de la noche / de la mañana: очень поздно ночью / рано утром

estoy que no me tengo: быть слабым, еле держаться на ногах

de esta no salgo: мне уже не выкарабкаться, я умру

ponerse en lo peor: предполагать наихудший исход

te tengo dicho: я тебе уже несколько раз говорил

tener medio pie en la tumba: быть одной ногой в могиле

irse al otro barrio: отправиться на тот свет, умереть

como alma que lleva el diablo: пулей, очень быстро

en menos que canta un gallo: в мгновение ока

no mediar ni media palabra: не говорить ни слова, не общаться

ser presa del pánico: быть в панике

abrir de par en par: открыть настежь, нараспашку

encomendarse a un santo/dios: молиться святому/богу

todos los ... habidos y por haber: всевозможные

estar fresco como una lechuga: быть свежим как огурчик

ni corto ni perezoso: без колебаний

sin rechistar: без жалоб

¡Por favor, venga cuanto antes!
De esta no salgo.

El amigo del doctor

Audio 1

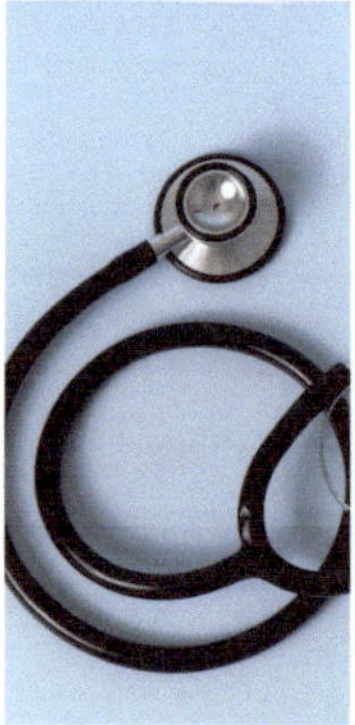

Permítanme compartir con ustedes un escueto episodio de la vida de un acaudalado escritor. A este hombre, a quien llamaré Bernardo, los achaques de la edad lo traían por la calle de la amargura. Es por ello que solía recurrir a los servicios del médico más eminente de la ciudad. Tras múltiples visitas médicas, por las razones más variopintas y, en ocasiones, a horas intempestivas, el autor y el doctor acabaron forjando una amistad a prueba de bombas.

Bernardo estaba entrado en años, porque el tiempo pasa por todos, y él no era una excepción. Pero he aquí que nuestro amigo también estaba entrado en carnes, ya que era muy dado a hincarle el diente a todo tipo de comida y, cuanto más grasienta, mejor. Su oronda panza era testigo mudo de ello. Y si a todo esto le sumamos que practicaba deporte muy de vez en cuando, por no decir nunca, no es de extrañar que cada dos por tres estuviera echando mano al teléfono para pedir ayuda a su amigo el doctor.

Друг врача

Разрешите поделиться с вами кратким эпизодом из жизни одного состоятельного писателя. Этому человеку, которого я буду называть Бернардо, недуги пожилого возраста сильно омрачали жизнь. Именно поэтому он частенько прибегал к услугам самого именитого врача в городе. После многочисленных врачебных визитов по самым разнообразным причинам, а иногда и совсем в неуместное время, писатель и доктор в конечном итоге завязали тесную дружбу.

Бернардо был уже в возрасте, ведь время не жалеет никого, и он не был исключением. Но стоит отметить, что наш друг был ещё и полноват, так как очень любил класть на зуб любую пищу, и чем жирнее, тем лучше. Его пухлый живот был тому молчаливым свидетелем. А если ко всему этому добавить, что спортом он занимался очень редко, если не сказать никогда, то нечего удивляться, что он то и дело тянулся к телефону, чтобы попросить о помощи своего друга-врача.

Así fue como en una ocasión, a las tantas de la noche, el teléfono sonó en casa del médico:

—Doctor, siento un dolor punzante en el pecho. Estoy que no me tengo. Me falta el aire. ¡Por favor, venga cuanto antes! De esta no salgo.

—Bernardo, no se inquiete. Me tendrá ahí en un santiamén.

Ante esta tesitura, el doctor se puso en lo peor. "Estaba escrito que esto pasaría algún día", mascullaba mientras se vestía. "Mira que le tengo dicho que ya tiene medio pie en la tumba y que, como no se ponga a dieta, sus malos hábitos lo van a mandar al otro barrio". Y con esas, agarró su maletín y salió como alma que lleva el diablo.

Las prisas no son buenas, pero esto era, nunca mejor dicho, un asunto de vida o muerte. En menos que canta un gallo, el doctor, empapado de sudor, ya estaba frente al vistoso edificio donde moraba el autor. Sin pensárselo dos veces, se puso a subir a toda prisa las escaleras, hasta el apartamento de Bernardo, ubicado en la cuarta planta. Nada más llegar, empezó a aporrear la puerta del escritor. Bernardo abrió, y se encontró con el pálido semblante del extenuado médico que, tras semejante carrera, luchaba por recuperar el aliento. Sin mediar ni media palabra, se fue directo a un sillón, dónde se desplomó.

Вот так и случилось, что однажды поздно вечером в доме врача зазвонил телефон:

– Доктор, я чувствую колющую боль в груди. Я еле держусь на ногах. Мне не хватает воздуха. Пожалуйста, приходите как можно скорее! На этот раз мне не выкарабкаться.

– Бернардо, не волнуйтесь. Я буду у вас в мгновение ока.

В этой ситуации врач представил себе самое худшее. «Было ясно как день, что однажды это случится, – бормотал он, одеваясь. – А ведь я уже сто раз ему говорил, что он стоит одной ногой в могиле, и что если он не сядет на диету, его вредные привычки отправят его на тот свет». С этими словами он схватил свой портфель и пулей вылетел из дома.

Спешка до добра не доводит, но это был, в буквальном смысле, вопрос жизни и смерти. В мгновение ока доктор, мокрый от пота, уже стоял перед живописным зданием, где проживал писатель. Недолго думая, он начал в спешке подниматься по лестнице в квартиру Бернардо, расположенную на четвертом этаже. Добравшись дотуда, он стал стучать в дверь писателя. Бернардо открыл дверь и увидел бледное лицо измученного врача, который после такой пробежки изо всех сил пытался отдышаться. Не говоря ни слова, он прямиком направился к креслу и рухнул в него.

—¿Qué le sucede? ¿Se encuentra usted mal? —interrogó desasosegado Bernardo.

—Creo que estoy sufriendo un infarto —articuló el médico a duras penas.

Bernardo, presa del pánico, le suministró un vaso de agua con varias píldoras. A continuación, abrió las ventanas de par en par para que entrara aire fresco y se encomendó a todos los santos habidos y por haber, para que salvaran a su amigo. A la media hora, el doctor estaba fresco como una lechuga y completamente recuperado. Así pues, tomó su maletín y, ni corto ni perezoso, declaró:

—Muy bien, mi querido amigo, si no le puedo ser de más ayuda, serán mil pesos por mis servicios.

—¡¿Cómo?! Pero si fui yo quien lo ha socorrido, mientras usted simplemente yacía en el sofá.

—Lo relevante en este caso no es el método que haya empleado para sanarle, sino el resultado obtenido. Su pecho ya no le duele, ¿verdad?

El escritor asintió con una sonrisa y abonó la cantidad debida a su astuto compadre sin rechistar.

– Что с вами? Вы плохо себя чувствуете? – обеспокоенно спросил Бернардо.

«Кажется, у меня сердечный приступ», – едва выговорил врач.

Бернардо в панике дал ему стакан воды с несколькими таблетками. Затем он открыл окна настежь, чтобы впустить свежий воздух, и обратился с мольбой ко всевозможным святым, чтобы они спасли его друга. Через полчаса доктор был свеж как огурчик и полностью здоров. Тогда он взял портфель и, без лишних колебаний, заявил:

— Отлично, мой дорогой друг, если я больше не могу быть вам полезен, то с вас тысяча песо за мои услуги.

— Что?! Но это же я вас спасал, пока вы просто валялись на диване.

— В данном случае важен не метод, который я применил, чтобы вас вылечить, а полученный результат. Ваша грудь больше не болит, не так ли?

Писатель кивнул с улыбкой и без возражений выплатил своему хитрому товарищу причитающуюся сумму.

Ejercicios

1 ¿Verdadero (V) o falso (F)?
Верно или неверно?

1. Los achaques de la edad traían al doctor por la calle de la amargura.
2. Bernardo estaba entrado en años pero muy sano.
3. Un día Bernardo llamó al doctor por un dolor en el pecho.
4. El doctor le había aconsejado a Bernardo ponerse a dieta.
5. Bernardo, presa de pánico, se desplomó en un sillón.
6. El escritor abonó al médico mil pesos por sus servicios.

2 Escoge la preposición correcta:
Выбери правильный предлог:

1. Practicaba deporte muy de vez **por / en** cuando.
2. **Ante / Para** esta tesitura, el doctor se puso **a / en** lo peor.
3. Bernardo abrió las ventanas **de / en** par **a / en** par y se encomendó **a / en** todos los santos habidos y **de / por** haber.
4. Estaba entrado **a / en** carnes porque era muy dado **de / a** hincarle el diente **a / con** todo tipo de comida grasienta.
5. No es **por / de** extrañar que cada dos **por / de** tres estuviera echando mano **a / al** teléfono para pedir ayuda.
6. Solía recurrir **a / con** los servicios de un eminente médico.

3 Completa las frases con las siguientes palabras:
Закончи предложения следующими словами:

moraba / pie / empapado / oronda
aporrear / alma / mudo / semblante

1. Su ____________ panza era testigo ____________ de ello.
2. Le tengo dicho que ya tiene medio __________ en la tumba.
3. Agarró su maletín y salió como _________ que lleva el diablo.
4. El doctor, ____________ de sudor estaba frente al vistoso edificio donde ____________ el autor.
5. El médico empezó a ____________ la puerta del escritor.
6. Bernardo se encontró con el pálido ___________ del doctor.

4 Combina las columnas:
Соедини колонки:

1. Los dos acabaron forjando una →	a. santiamén
2. Me falta el aire. Estoy que no me	b. amistad
3. Me tendrá ahí en un	c. muerte
4. El escritor abonó el dinero sin	d. rechistar
5. Era un asunto de vida o	e. intempestivas
6. Hacía visitas a horas	f. tengo

Soluciones

Ejercicio 1: 1-F, 2-F, 3-V, 4-V, 5-F, 6-V

Ejercicio 2: 1-en, 2-Ante, en, 3-de, en, a, por, 4-en, a, a, 5-de, por, al, 6-a

Ejercicio 3: 1-oronda, mudo, 2-pie, 3-alma, 4-empapado, moraba, 5-aporrear, 6-semblante

Ejercicio 4: 1-b, 2-f, 3-a, 4-d, 5-c, 6-e

Texto 2 Modismos y frases hechas

pasar a mejor vida: отправиться в лучший мир, отжить свое

caer en el olvido: уйти в забвение, быть забытым

sacar a colación: вспомнить, упомянуть

que ni pintado: идеально подходящий

andarse por las ramas: ходить вокруг да около, не касаться сути

a la mínima de cambio: при первой возможности

a la postre: в конечном итоге, впоследствии

sin parangón: непревзойденный, без аналогов

a golpe de: с помощью, используя что-то

a buen recaudo: в надежном месте, в безопасности

estar presto: быть готовым

ser menester: быть необходимым, требоваться

si se tercia: если представится случай

ni que decir tiene que: само собой разумеется

regalar los oídos: чрезмерно хвалить, услащать похвалой

comulgar con algo/alguien: соглашаться с чем-то/кем-то

por lo que a mí respecta: с моей точки зрения, на мой взгляд

donde esté... que se quite lo demás: если есть... остальное не имеет значения

estar tan campante: спокойно, как ни в чем не бывало

estar como el primer día: как новенький, как в первый день

los años no pasan por ti: время не оставляет на тебе следов

simple y llanamente: просто-напросто

mandarlo todo a paseo: послать все куда подальше

echarse a la bartola: бездельничать, бить баклуши

rascarse la barriga: бездельничать, пролеживать бока

los años no perdonan: время не щадит, время оставляет след

tener una salud de hierro: иметь железное/крепкое здоровье

pasarse de la raya: перегибать палку, переусердствовать

matar dos pájaros de un tiro: убить двух зайцев одним выстрелом

estar como un armario: быть крепким и сильным

estar sordo como una tapia: быть глухим как пень

Dos cuchillos

Audio 2

El que piense que el arte de la forja ha pasado a mejor vida, se equivoca. Es cierto que ya no se estila encargar a un herrero que nos haga un cuchillo, pero no por ello debemos pensar que se trata de una profesión que haya caído en el olvido. Aún queda algún que otro herrero por ahí. Pero, ya que he sacado a colación unos cuchillos, me viene a la mente una historia que ni pintada para dejar de divagar. Ya sabemos que me gusta andarme por las ramas y cambiar de tema a la mínima de cambio.

Resulta que mi padre, cuando era joven, tenía una amiga que a la postre sería su mujer, cuyo hermano era herrero. El talento de este hombre no tenía rival, pues era capaz de crear objetos de una belleza sin parangón. En cierta ocasión, con la destreza de quien domina el fuego, y a golpe de martillo, creó dos magníficos cuchillos. Quedó tan satisfecho, que decidió quedarse con ambos. Uno, lo dejó en la cocina, mientras que el otro, lo puso a buen recaudo en un lujoso armario.

Два ножа

Тот, кто думает, что искусство кузнечного дела отжило свое, ошибается. Правда, сейчас уже не принято просить у кузнеца сделать нам нож, но из-за этого мы не должны думать, что речь идет о профессии, которая ушла в забвение. Остались ещё кое-где кузнецы. Но раз уж я упомянул ножи, мне пришла на ум одна история, которая идеально подходит, чтобы отвлечь меня от бесцельной болтовни. Вы уже знаете, что мне нравится ходить вокруг да около и менять тему при первой же возможности.

Дело в том, что у моего отца в молодости была подруга, ставшая впоследствии его женой, и был у нее брат-кузнец. Талант этого человека не имел равных, так как он умел создавать предметы непревзойденной красоты. В какой-то момент, мастерски владея огнем и молотком, он создал два великолепных ножа. Он был так доволен, что решил оставить их себе. Один он оставил на кухне, а другой убрал в надежное место в роскошный шкаф.

El primer cuchillo siempre estaba presto a ayudar en lo que fuera menester. Sus quehaceres cotidianos no solo se reducían a cortar pan en rebanadas, ya que, si se terciaba, también asistía a la esposa del artesano en delicados trabajos de costura. Ni que decir tiene que el herrero nunca se iba al bosque sin llevarse consigo su flamante cuchillo.

Mientras todo esto acontecía, el segundo cuchillo se pasaba el día plácidamente tumbado, descansando en compañía de otras herramientas que siempre estaban dispuestas a regalarle los oídos con halagos.

—¡Qué maravilla de filo! ¡Qué resplandor! ¿Qué haces para mantenerte en forma? —le decían entre suspiros.

—Amigos míos, en esta casa los hay que se matan a trabajar y que encima piensan que ese es el ejemplo a seguir. Pero yo no comulgo con esa idea. Por lo que a mí respecta, donde esté un buen sitio para descansar, que se quite lo demás. El trabajo no es para mí.

Con el paso del tiempo, la situación no cambió ni un ápice. El cuchillo ocioso descansaba, mientras que su hermano se entregaba con fervor al servicio de su amo. Uno debía soportar el trajín del día a día y el otro, estaba tan campante sin preocuparse por nada. Y así, durante años.

Первый нож всегда был готов помочь во всем, что бы ни потребовалось. Его повседневные обязанности не ограничивались только нарезанием хлеба на ломтики, ведь если представлялся случай, он помогал жене мастера в тонких работах по шитью. Ну и само собой разумеется, кузнец никогда не уходил в лес без своего прекрасного ножа.

Пока все это происходило, второй нож проводил дни, безмятежно полеживая и отдыхая в компании других инструментов, которые всегда были готовы услащать его уши похвалами.

– Какое потрясающее лезвие! Какой блеск! Как ты поддерживаешь себя в форме? – говорили ему, вздыхая.

– Друзья мои, в этом доме есть те, кто убивает себя работой и думает при этом, что их примеру нужно следовать. Но я не разделяю эту точку зрения. На мой взгляд, если есть хорошее место для отдыха, ничего больше не имеет значения. Работа – это не для меня.

Время шло, а ситуация ничуть не менялась. Ленивый нож отдыхал, в то время как его брат со рвением служил своему хозяину. Один из них переживал повседневные трудности, а другой, жил без забот и не беспокоился ни о чем. И так продолжалось многие годы.

Un día, tras mucho tiempo sin verse, los dos cuchillos se encontraron cara a cara de pura casualidad. El holgazán se quedó estupefacto a ver que su hermano seguía tan brillante como el primer día, sin rastro del inexorable paso del tiempo. Él, en cambio, mostraba los estragos de la vida sedentaria, oxidado y deslucido, sin el esplendor de antaño.

—Parece que los años no pasan por ti. ¿Cómo te las apañas? —interrogó el vago a su hermano.

—No hay ningún secreto. Simple y llanamente intento mantenerme activo. No te creas que a mí no me dan ganas a veces de mandarlo todo a paseo y echarme a la bartola. Pero es que uno no puede pasarse el día rascándose la barriga. Al final, los malos hábitos pasan factura y los años no perdonan.

No hace falta ser un cuchillo para saber que una vida activa es fundamental para tener una salud de hierro. Pero tampoco debemos pasarnos de la raya. Es necesario encontrar un equilibrio entre las obligaciones laborales, la actividad física y el ocio. Por cierto, la profesión de herrero nos permite matar dos pájaros de un tiro ya que conjuga a la perfección el trabajo y el ejercicio. Y si no, que se lo pregunten a mi tío, que está como un armario. Eso sí, el pobre está sordo como una tapia de tanto darle al martillo.

Однажды, долго не видевшись, два ножа встретились лицом к лицу совершенно случайно. Лодырь был поражен, увидев, что его брат все так же блестит, как в первый день, на нем не было ни следа неумолимого времени. А сам он, наоборот, показывал признаки сидячего образа жизни, был ржавым и тусклым, потеряв великолепие былых лет.

– Кажется, года на тебе не сказываются. Как у тебя это получается? – спросил лодырь у своего брата.

– В этом нет никакого секрета. Просто-напросто я стараюсь оставаться активным. Не думай, что мне иногда не хочется послать все куда подальше и бить баклуши. Но дело в том, что нельзя проводить дни, пролеживая бока. В конце концов плохие привычки берут свое, и годы никого не щадят.

Необязательно быть ножом, чтобы понимать, что активный образ жизни необходим для крепкого здоровья. Но не стоит перегибать палку. Необходимо найти баланс между рабочими обязанностями, физической активностью и отдыхом. Кстати, профессия кузнеца позволяет убить двух зайцев одним выстрелом, идеально сочетая работу и физическую активность. А если что, спросите у моего дяди, который силен как бык. Правда, бедняга глух, как пень от постоянного боя молота.

Ejercicios

1 ¿Verdadero (V) o falso (F)?
Верно или неверно?

1. El talento del herrero no tenía rival.
2. El primer cuchillo cortaba pan en rebanadas y asistía a la esposa del artesano.
3. El primer cuchillo le regalaba los oídos al segundo cuchillo.
4. El secreto del primer cuchillo está en rascarse la barriga.
5. Un día el herrero llevó al bosque el cuchillo oxidado.
6. El holgazán descansaba en compañía de otras herramientas.

2 Escoge la preposición correcta:
Выбери правильный предлог:

1. Ya que he sacado **a / en** colación unos cuchillos, me viene **a / en** la mente una buena historia.
2. El primer cuchillo estaba presto **a / por** ayudar **de / en** lo que fuera menester.
3. Los hay que se matan **a / de** trabajar y piensan que ese es el ejemplo **a / para** seguir. No comulgo **en / con** esa idea.
4. Ya sabemos que me gusta cambiar **por / de** tema **a / con** la mínima **a / de** cambio.
5. Se encontraron cara **de / a** cara **de / en** pura casualidad.
6. Me dan ganas **por / de** mandarlo todo **a / en** paseo.

3 Completa las frases con las siguientes palabras:
Закончи предложения следующими словами:

recaudo / tapia / factura / oxidado / tiro
martillo / antaño / hierro / fundamental

1. Puso el otro cuchillo a buen ______ en un lujoso armario.
2. Los malos hábitos pasan _______ y los años no perdonan.
3. Eso nos permite matar dos pájaros de un ___________ .
4. Está sordo como una _______ de tanto darle al _______ .
5. Estaba _______ y deslucido, sin el esplendor del ______ .
6. Una vida activa es __________ para tener una salud de __________ .

4 Combina las columnas:
Соедини колонки:

1. Este arte no se ha caído en el	a. bartola
2. Me gusta andarme por las	b. ápice
3. Creaba objetos de una belleza sin	c. olvido
4. La situación no cambió ni un	d. parangón
5. Mostraba los estragos de la vida	e. ramas
6. Me dan ganas echarme a la	f. sedentaria

Soluciones

Ejercicio 1: 1-V, 2-V, 3-F, 4-F, 5-F, 6-V

Ejercicio 2: 1-a, a, 2-a, en, 3-a, a, con, 4-de, a, de, 5-a, de, 6-de, a

Ejercicio 3: 1-recaudo, 2-factura, 3-tiro, 4-tapia, martillo, 5-oxidado, antaño, 6-fundamental, hierro

Ejercicio 4: 1-c, 2-e, 3-d, 4-b, 5-f, 6-a

Texto 3 Modismos y frases hechas

amigo de lo ajeno: вор, охотник до чужого

frotarse las manos: потирать руки

de hoy no pasa: с сегодняшнего дня все будет иначе

tener toda la pinta de: смотреться, быть по всей видимости ...

al amparo de: под прикрытием

como quien no quiere la cosa: с непричастным видом

ipso facto: немедленно, тут же

tenérsela a alguien preparada: приготовить кому-то ловушку или что-то плохое

faltarle un tornillo a alguien: быть сумасшедшим, не все дома

no ver tres en un burro: быть слепым как крот

como si nada: как ни в чем не бывало

darse de bruces: столкнуться лицом к лицу, неожиданно наткнуться

lo veo y no lo creo: глазам своим не верю

ser más viejo que Matusalén: быть очень старым, старее динозавров

a las primeras de cambio: при первой возможности

no vale la pena: не стоит того

no hay excusas que valgan: нет места оправданиям

no está la cosa para...: не те сейчас времена

tú verás: тебе видней (в значении "но я тебя предупредил")

pararse en seco: остановиться как вкопанный

no tenerlas todas consigo: терзаться сомнениями

hacerse pasar por: притворяться кем-то

darle vueltas a algo: размышлять о чём-то, прокручивать в голове

estar con la mosca detrás de la oreja: тревожиться, терзаться подозрениями

entrar en escena: появиться, выйти на сцену

como un rayo: внезапно, молниеносно

y tanto que: и правда, и в самом деле

rematar la faena: довести дело до конца

poner el colofón: поставить жирную точку

salirse con la suya: добиться своего, осуществить план

Un plan perfecto

Audio 3

A los pies de una colina, serpenteaba un sendero por cual iba un pastor. Llevaba a hombros una cabra que había adquirido esa misma mañana en el mercado. Por aquellos parajes solían merodear ladrones y otros amigos de lo ajeno, por lo que no es de sorprender que la mala fortuna quisiera que tres malhechores lo avistaran. Estos se regocijaron y comenzaron de inmediato a pergeñar una treta para hurtar el animal. Aún no habían comenzado los preparativos, y ya se estaban frotando las manos pensando en el festín que se iban a dar.

—Llevamos días sin cenar caliente, pero, gracias a mi plan, de hoy no pasa. —declaró el más avispado de ellos, que tenía toda la pinta de ser el cabecilla.

Los rufianes se ocultaron sigilosamente al amparo de la maleza y aguardaron el paso de su víctima. En el momento planeado, el primero de ellos se aproximó al pastor como quien no quiere la cosa.

Идеальный план

У подножия холма петляла тропа, по которой шел пастух. На его плечах была водружена коза, которую он приобрел в то же утро на рынке. В этой местности часто слонялись грабители и другие охотники до чужого, поэтому неудивительно, что невезение захотело, чтобы трое злоумышленников заметили его. Они обрадовались и сразу принялись придумывать хитрость, чтобы украсть животное. Подготовка ещё даже не началась, а они уже потирали руки, думая о пиршестве, которое они собирались себе устроить.

– Мы уже несколько дней не ели горячего ужина, но благодаря моему плану с сегодняшнего дня все будет иначе, – объявил самый пронырливый из них, который, по всей видимости, был их главарем.

Разбойники незаметно скрылись под прикрытием густой растительности и стали ждать, когда мимо пройдет их жертва. В намеченный момент первый из них подошел к пастуху с непричастным видом.

—¡Pero qué ven mis ojos! ¡Vaya perro más horrendo! —exclamó el maleante, mostrando grandes dotes interpretativas—. ¿Cómo se puede tener semejante adefesio? ¡Qué asco de perro! Espero que al menos sea buen cazador. De lo contrario, me desharía de él ipso facto.

—¡Qué tipo más extraño! —pensó el pastor, ignorando la que le tenían preparada—. ¿No resulta evidente que esto es una cabra y no un perro? A ese hombre o le falta un tornillo o no ve tres en un burro.

El pastor prosiguió su marcha por el sendero como si nada. Estaba de nuevo perdido en sus pensamientos cuando, de repente, se dio de bruces con el segundo ladrón, que parecía que hubiera surgido de la nada:

—Lo veo y no lo creo. ¿Tú qué haces con ese perro? Si es más viejo que Matusalén. Yo que tú, soltaría a ese vejestorio a las primeras de cambio y lo dejaría morir en paz. No vale la pena tener un perro así.

—Pe... Pero... —musitó el ingenuo hombre antes de ser interrumpido de nuevo.

—¡No hay excusas que valgan! Ni te lo pienses. No está la cosa para andar tirando el dinero manteniendo un perro del que no vas a sacar ningún provecho. Tómatelo como un consejo de amigo. Tú verás.

– Что видят глаза мои! Какая страшная собака! – воскликнул разбойник, проявляя большой актерский талант. – Как можно иметь подобное чудище? Какой противный пес! Надеюсь, что он хотя бы хороший охотник. Иначе я бы немедленно избавился от него.

– Какой странный тип! – подумал пастух, не зная ничего о ловушке, которую ему приготовили. – Неужели не видно, что это коза, а не собака? У этого мужчины или не все дома, или он слеп как крот.

Пастух продолжил свой путь по тропинке как ни в чем не бывало. Он снова погрузился в свои мысли, когда внезапно столкнулся со вторым разбойником, который появился как будто из ниоткуда:

– Глазам своим не верю. Что ты делаешь с этим псом? Он древнее динозавров. На твоем месте я бы отпустил этого старикашку при первой возможности и дал ему умереть спокойно. Не стоит держать такую собаку.

– Но... но... – пробормотал наивный пастух, прежде чем его вновь перебили.

– Нет места оправданиям! Можно даже не думать. Не те сейчас времена, чтобы выбрасывать деньги на содержание собаки, от которой тебе нет никакого прока. Прими это как совет от друга. Тебе видней.

El bandido se fue alejando y el incauto pastor se paró en seco. Él veía una cabra, pero ya no las tenía todas consigo. "¿Y si resulta que esto es un demonio que se hace pasar por cabra?", pensó y empezó a darle vueltas al problema. Cuantas más vueltas le daba, más dudas le entraban. No tardó en estar con la mosca detrás de la oreja y, desesperado, empezó a mirar a ambos lados del camino, mientras sujetaba el animal sin saber qué hacer con él.

En ese instante, siguiendo un plan que estaba rozando la perfección, el tercer ladrón entró en escena. Su imprudente víctima se lanzó como un rayo a preguntarle:

—!Disculpe, disculpe! Le voy a hacer una pregunta muy tonta: ¿Qué animal ve usted aquí?

—Y tanto que tonta. Está claro que estoy viendo un perro. ¿Qué voy a ver si no? —sentenció el ladrón, rematando la faena y poniendo el colofón a una actuación magistral.

La respuesta dejó al pastor sin respiración, mientras un escalofrío le recorría la espalda. El pobre hombre soltó la cabra y huyó despavorido gritando "¡Esto es un demonio! ¡Un demonio!". Un rato después, los tres embaucadores se hicieron con la cabra, se felicitaron por haberse salido con la suya, y se fueron canturreando.

Бандит направился прочь, а простодушный пастух остановился как вкопанный. Он-то видел козу, но его начали терзать сомнения. «А вдруг это демон, притворяющийся козой?», подумал он и начал размышлять над этой проблемой. Чем больше он размышлял, тем больше сомнений у него возникало. Вскоре его охватила тревога, и он в отчаянии начал оглядываться по сторонам дороги, держа животное и не зная, что с ним делать.

В этот момент, согласно плану, который был практически совершенным, появился третий разбойник. Его наивная жертва тут же бросилась к нему с вопросом:

– Прошу прощения, извините! У меня есть к вам очень глупый вопрос: что за животное вы здесь видите?

– И правда глупый. Естественно, я вижу собаку. Что еще мне видеть? – подытожил разбойник, доводя дело до конца и ставя жирную точку в гениальном представлении.

От такого ответа у пастуха перехватило дыхание, а по спине пробежала дрожь. Бедняга бросил козу и, перепуганный насмерть, бросился на утек с криком: «Это демон! Демон!» Через некоторое время трое обманщиков забрали козу, поздравили друг друга с удачно осуществленным планом и ушли напевая.

Ejercicios

1

¿Verdadero (V) o falso (F)?
Верно или неверно?

1. El hombre que llevaba la cabra la había hurtado esa mañana.
2. Los ladrones se iban a dar un festín con la cabra.
3. Los maleantes mostraron grandes dotes interpretativas.
4. Los rufianes intentaron hablar con el pastor pero los ignoró.
5. El plan de los ladrones fracasó y el pastor prosiguió su marcha por el sendero como si nada.
6. El pastor soltó la cabra pensando que era un demonio.

2

Escoge la preposición correcta:
Выбери правильный предлог:

1. El pastor se dio **a / de** bruces **con / en** el segundo ladrón.
2. Yo que tú, soltaría **a / de** ese vejestorio **a / por** las primeras **de / a** cambio y lo dejaría morir **con / en** paz.
3. "¿Y si esto es un demonio que se hace pasar **de / por** cabra?", pensó y empezó a darle vueltas **al / por el** problema.
4. Los tres embaucadores se hicieron **de / con** la cabra y se felicitaron **por / con** haberse salido **por / con** la suya.
5. No es **a / de** sorprender que unos malhechores lo avistaran.
6. Llevamos días **sin / en** cenar caliente, pero, gracias **a / de** mi plan, **por / de** hoy no pasa.

3 Completa las frases con las siguientes palabras:
Закончи предложения следующими словами:

hurtar / maleza / treta / cabecilla / avispado
mosca / escalofrío / parajes / amparo / ajeno

1. Por aquellos __________ solían merodear ladrones y otros amigos de lo ___________ .
2. Comenzaron a pergeñar una _____ para ______ la cabra.
3. Los rufianes se ocultaron al _________ de la _________ .
4. No tardó en estar con la ____________ detrás de la oreja.
5. En ese instante un ______________ le recorrió la espalda.
6. El más _____ de ellos tenía toda la pinta de ser el _____ .

4 Combina las columnas:
Соедини колонки:

1. Me desharía de este perro ipso →	a. tornillo
2. A ese hombre le falta un	b. nada
3. Este tipo no ve tres en un	c. facto
4. Parecía que hubiera surgido de la	d. consigo
5. El incauto pastor se paró en	e. seco
6. Ya no las tenía todas	f. burro

Soluciones

Ejercicio 1: 1-F, 2-V, 3-V, 4-F, 5-F, 6-V

Ejercicio 2: 1-de, con, 2-a, a, de, en, 3-por, al, 4-con, por, con, 5-de, 6-sin, a, de

Ejercicio 3: 1-parajes, ajeno, 2-treta, hurtar, 3-amparo, maleza, 4-mosca, 5-escalofrío, 6-avispado, cabecilla

Ejercicio 4: 1-c, 2-a, 3-f, 4-b, 5-e, 6-d

Texto 4 Modismos y frases hechas

trabajar de sol a sol: работать от рассвета до заката

aportar su granito de arena: внести свою лепту, внести вклад

para muestra, un botón: и вот тому наглядный пример

darle la mañana/tarde/noche a alguien: портить кому-то утро/ день/ вечер

estar con el agua al cuello: быть в критической ситуации, быть в запарке (если ситуация касается сроков)

arrimar el hombro: подставить плечо, поддержать, помочь

estar por la labor de hacer algo: иметь желание выполнить задачу

ser la oveja negra de la familia: быть в семье черной овцой, быть не как все

ser un... de tomo y lomo: быть настоящим ...

arde Troya: разразился конфликт, разразилась буря, скандал

hacerse el inocente: притворяться невинным

poner el grito en el cielo: выразить сильное негодование

no dar un palo al agua: палец о палец не ударить, лениться

para colmo: и самое ужасное, и последняя капля

no puedo contigo: сил с тобой нет, не могу понять твое поведение lo tuyo no tiene nombre: что ж ты за человек

dale que te pego con...: вот привязался с ...

el horno no está para bollos: сейчас неподходящее время

estar que te llevan los demonios: быть вне себя от гнева

la sangre no llegó al río: ситуация не переросла в серьезный конфликт, обошлось без кровопролития

todo lo que le entra por un oído le sale por el otro: в одно ухо влетает, в другое вылетает

a... no me gana nadie: нет никого более... , чем я

tenérsela guardada a alguien: затаить обиду на кого-то

a trancas y barrancas: плохо, кое-как, так себе

Por eso, al llegar la tarde, ardía Troya. Siempre la misma cantinela.

Padres e hijos

Audio 4

Hoy en día trabajamos de sol a sol bajo la premisa de que así mejoraremos nuestra calidad de vida. Pero el exceso de trabajo nos lleva a veces a descuidar el ambiente familiar. Todos en casa deben aportar su granito de arena para evitar que nuestro hogar se convierta en un campo de batalla. Y para muestra, un botón.

No hace mucho, tuve unos vecinos a los que recuerdo con cariño, aunque de vez en cuando, me daban la tarde con sus gritos. Los padres eran programadores y siempre me contaban que estaban con el agua al cuello por culpa de los plazos imposibles que les imponían en el trabajo. Por eso, pedían a sus hijas que arrimaran el hombro en casa.

Todas las mañanas, antes de ir a trabajar, había reparto de tareas: sacar la basura, hacer recados, preparar la cena,... Ahí no se libraba nadie. La hija mayor estaba por la labor y ayudaba en todo lo que se le pidiera. Por el contrario, la hija pequeña era la oveja negra de la familia y una vaga de

Родители и дети

Сегодня мы работаем от рассвета до заката, ссылаясь на то, что таким образом мы улучшим качество нашей жизни. Но переизбыток работы иногда заставляет нас пренебрегать отношениями в семье. Каждый член семьи должен вносить свою лепту, чтобы наш дом не превратился в поле битвы. И вот тому наглядный пример.

Не так давно у меня были соседи, которых я вспоминаю с любовью, хотя время от времени они портили мне вечер своими криками. Родители были программистами и всегда рассказывали мне, что они в запарке из-за невыполнимых сроков, которые им давали на работе. Поэтому они просили своих дочерей помогать по дому.

Каждое утро перед выходом на работу происходило распределение дел: вынести мусор, выполнить поручения, приготовить ужин... Никому было не ускользнуть. Старшая дочь делала все с охотой и помогала во всем, что ее просили. Напротив, младшая дочь была в семье черной овечкой и tomo y lomo. Por eso, al llegar la tarde, en esa casa ardía Troya. Siempre la misma cantinela. La hija pequeña se hacía la inocente, mientras su madre, que no tenía idea de cómo tratar con adolescentes, ponía el grito en el cielo:

—¡Otra vez más de lo mismo! Te has pasado el día por ahí con tus amigas y no has dado un palo al agua. Y para colmo, ni siquiera has sacado al perro. ¿Y dónde está el queso que te pedí que compraras?

—¿Queso? ¿Me habías pedido que comprara queso? Perdona, pero no te había oído.

—¡Madre mía! ¡Es que no puedo contigo! Lo tuyo no tiene nombre. ¿Y ahora qué vamos a cenar? Teníamos pensado hacer lasaña. ¿Acaso sabes hacer una lasaña sin queso?

—Dale que te pego con el queso. ¡Qué pesada eres, mamá! Que ya te he dicho que no te había oído. Otro día lo compro y listo.

El padre intentó interceder para calmar los ánimos, pero vio de inmediato que el horno no estaba para bollos. Así que se dio media vuelta y volvió a la cocina, donde se las apañó para preparar una cena sin queso. La madre, por su parte, estaba que se la llevaban los demonios. Pero, como siempre, la sangre no llegó al río.

настоящей бездельницей. Поэтому, когда наступал вечер, в этом доме разражался скандал. Всегда одно и то же. Младшая дочь притворялась невинной, а ее мать, понятия не имевшая, как обращаться с подростками, орала в негодовании:

– Опять двадцать пять! Ты провела весь день с подружками и палец о палец не ударила. И хуже того, даже не вывела собаку. А где сыр, который я просила тебя купить?

– Сыр? Ты просила меня купить сыр? Извини, я тебя не слышала.

– Боже мой! Сил с тобой нет! Что за человек. И что у нас теперь будет на ужин? Мы собирались готовить лазанью. Или, может, знаешь, как приготовить лазанью без сыра?

– Вот привязалась с этим сыром. Какая ты докучливая, мама! Я уже сказала тебе, что не слышала тебя. Куплю его в другой раз да и все.

Отец попытался вмешаться, чтобы утихомирить страсти, но сразу увидел, что момент неподходящий. Поэтому он развернулся и пошел обратно на кухню, где выдумал что-то на ужин без сыра. Мать же, в свою очередь, была вне себя от гнева. Но, как обычно, ничего серьезного не случилось.

Aún así, la madre, que a rencorosa no la ganaba nadie, se la tenía guardada. Unos días después, había en el centro comercial rebajas de esas que solo hay una vez al año. Así que preguntó a sus hijas si necesitaban algo:

—Si puede ser, querría una tablet nueva, que la mía me va a trancas y barrancas —solicitó la hermana mayor.

—Oye, pues yo no voy a ser menos. Tráeme una a mí también, mamá —pidió la hija holgazana.

Al caer la tarde, los padres volvieron a casa con sendos ordenadores de gran potencia para su trabajo y una tablet, que la madre entregó a la hermana mayor.

—¿Y mi tablet? —inquirió la hija perezosa.

—¿Tablet? ¿Me habías pedido una tablet? —dijo la madre con tono burlón—. Perdona, no te había oído. Como aquel día que no habías oído lo de comprar queso.

—Pues yo hoy tengo una cosita para ti —dijo la hija bajando la mirada mientras sacaba de una bolsa del supermercado el queso favorito de su madre.

Entonces, para sorpresa de todos, mía incluida, ya que lo estaba escuchando todo, la madre sacó una segunda tablet de su bolso y se lanzaron las dos a abrazarse. Está claro que no hay nada más fuerte que el amor de madre.

Тем не менее мать, которая была сильно злопамятной, затаила обиду. Через несколько дней в торговом центре были распродажи, которые случаются только раз в году. Поэтому она спросила дочерей, нужно ли им что-нибудь:

– Если можно, я бы хотела новый планшет, а то мой работает так себе, – попросила старшая сестра.

– Ну тогда и я не останусь в обиде. Принеси одну и для меня, мама, – попросила ленивая дочь.

С наступлением вечера родители вернулись домой с двумя мощными компьютерами для работы и планшетом, который мать вручила старшей сестре.

– А мой планшет? – спросила ленивая дочь.

– Планшет? Ты просила у меня планшет? – сказала мать насмешливым тоном. – Извини, я тебя не слышала. Как в тот день, когда ты не слышала, что надо купить сыр.

– Ну, сегодня у меня есть кое-что для тебя, – сказала дочь, опуская глаза и вынимая из пакета супермаркета любимый сыр своей матери.

Затем, ко всеобщему удивлению, включая и мое, поскольку я все это слышал, мать достала из сумки второй планшет, и обе бросились обниматься. Ясно, что нет ничего на свете сильнее материнской любви.

Ejercicios

1 ¿Verdadero (V) o falso (F)?
Верно или неверно?

1. Los padres pedían a sus hijas que arrimaran el hombro en casa.
2. La hija mayor era una vaga de tomo y lomo.
3. La madre no tenía idea de cómo tratar con adolescentes.
4. La hija pequeña siempre se hacía la inocente.
5. La madre le compró la tablet solo a la hija mayor.
6. Al final, la madre y la hija se lanzaron a abrazarse.

2 Escoge la preposición correcta:
Выбери правильный предлог:

1. Hoy **de / en** día trabajamos **de / en** sol a sol **para / bajo** la premisa de que así mejoraremos nuestra calidad de vida.
2. No quiero que nuestro hogar se convierta **en / a** un campo **de / a** batalla. Y **de / para** muestra, un botón.
3. La hija mayor siempre estaba **por / para** la labor.
4. No has dado un palo **al / con** agua. Y **al / para** colmo, ni siquiera has sacado al perro.
5. El padre intentó calmar los ánimos, pero vio **al / de** inmediato que el horno no estaba **con / para** bollos.
6. La tablet me va **a / de** trancas y barrancas.

3

Completa las frases con las siguientes palabras:
Закончи предложения следующими словами:

pego / oveja / llevaban / guardada / apañó
pesada / cantinela / ganaba / Troya

1. La hija pequeña era la _______ negra de la familia.
2. Cada tarde, ardía _______ . Siempre la misma _______ .
3. Dale que te _______ con el queso. Qué ______ eres, mamá.
4. La madre, que a rencorosa no la _______ nadie, se la tenía _______ .
5. La madre estaba que se la _______ los demonios.
6. El padre se las _______ para preparar una cena sin queso.

4

Combina las columnas:
Соедини колонки:

1. Todos aportan su granito de →	a. cielo
2. Siempre estaban con el agua al	b. arena
3. La madre ponía el grito en el	c. río
4. Lo tuyo no tiene	d. cuello
5. La sangre no llegó al	e. menos
6. Oye, pues yo no voy a ser	f. nombre

Soluciones

Ejercicio 1: 1-V, 2-F, 3-V, 4-V, 5-F, 6-V

Ejercicio 2: 1-en, de, bajo, 2-en, de, para, 3-por, 4-al, para, 5-de, para, 6-a

Ejercicio 3: 1-oveja, 2-Troya, cantinela, 3-pego, pesada, 4-ganaba, guardada, 5-llevaban, 6-apañó

Ejercicio 4: 1-b, 2-d, 3-a, 4-f, 5-c, 6-e

Texto 5 Modismos y frases hechas

al pie de la letra: следовать инструкциям точно и буквально

no tener ni pies ni cabeza: не иметь никакого смысла

tener en gran estima: высоко ценить

contra viento y marea: сквозь бурю и грозы, несмотря на преграды

poner a alguien en un brete: завести в тупик, поставить в трудное положение

la hora de la verdad: момент истины

echarse atrás: отказаться от обязательства, передумать, отступить

sin novedad: без происшествий

estar calado hasta los huesos: быть промокшим до костей

con mano de hierro: железной рукой, авторитарными методами

no me da buena espina: это не внушает мне доверия

pasar de largo: проходить мимо без остановки

hacer un alto en el camino: сделать остановку в пути

no tardar en: вскоре, что-то не заставило себя ждать

como cualquier... que se precie: как любой уважающий себя...

no andarse con rodeos: не ходить вокруг да около, перейти к сути дела echar el guante a alguien/algo: поймать кого-то, схватить

pena capital: смертная казнь, смертный приговор

hacer de tripas corazón: собрать волю в кулак

con pelos y señales: подробно, в деталях

ser un secreto a voces: быть всем известным секретом, открытой тайной

agarrarse a un clavo ardiendo: хвататься за соломинку

por aclamación popular: по воле народа

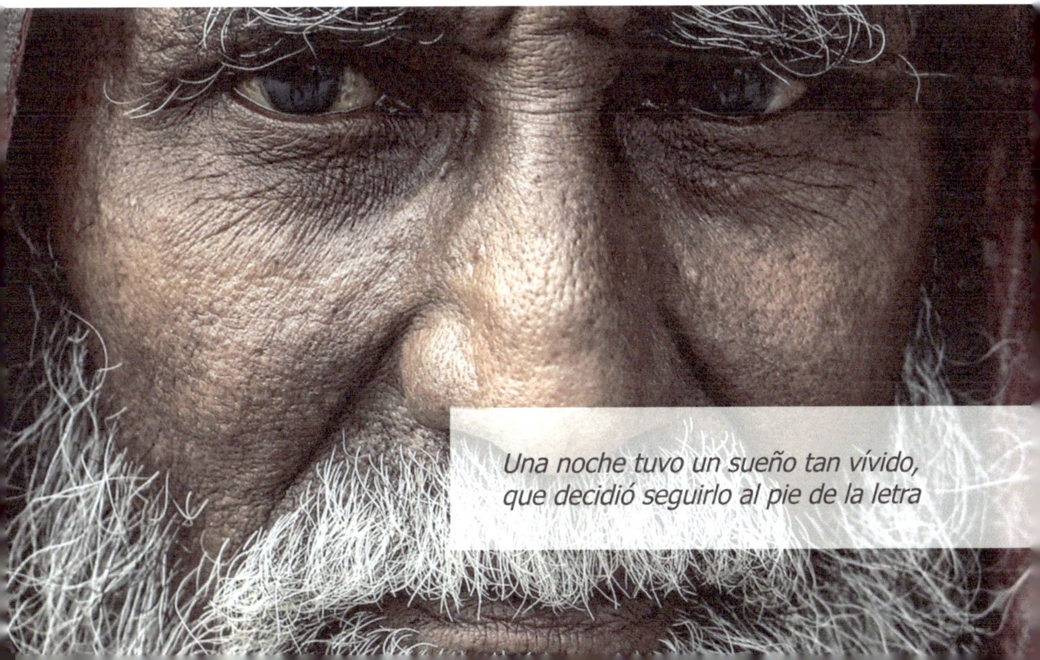

El sueño del filósofo

Audio 5

En tiempos inmemoriales, en un lugar remoto que no merece la pena ser mencionado, vivía un anciano filósofo. Una noche tuvo un sueño tan vívido, que decidió seguirlo al pie de la letra, a pesar de que suponía embarcarse en una aventura plagada de peligros.

—Debo partir hoy mismo. —explicó a sus sesenta discípulos—. ¿Quién desea acompañarme? El que lo haga, ha de memorizar esta frase y decirla a mi señal: "Deseo morir en lugar del filósofo". La mayor parte del sueño no tenía ni pies ni cabeza, pero el desenlace nos colmará de felicidad y esa frase jugará un papel fundamental en todo ello.

Los alumnos tenían en gran estima a su maestro y siempre lo apoyaban contra viento y marea. Pero este los había puesto en un brete. Albergaban dudas sobre el desenlace de semejante empresa, por lo que, a la hora de la verdad, todos excepto uno se echaron atrás. De este modo, se formó una expedición de solo dos miembros.

Сон философа

В незапамятные времена, в глухом месте, не заслуживающем упоминания, жил старый философ. Однажды ночью ему приснился настолько яркий сон, что он решил последовать ему буквально, даже несмотря на то, что это означало отправиться в приключение, полное опасностей.

– Я должен отправиться в путь прямо сегодня, – объяснил он своим шестидесяти ученикам. – Кто хочет сопровождать меня? Тот, кто это сделает, должен запомнить эту фразу и произнести ее по моему сигналу: «Я желаю умереть вместо философа». Большая часть сна не имела никакого смысла, но развязка наполнит нас счастьем, и эта фраза сыграет во всем этом ключевую роль.

Студенты высоко ценили своего учителя и всегда поддерживали его в бурю и грозы. Но тут он поставил их в тупик. У них были сомнения относительно исхода такого предприятия, поэтому, когда пришел момент истины, все, кроме одного, отказались. Таким образом была сформирована экспедиция всего из двух человек.

Los primeros días de periplo pasaron sin novedad, con la única salvedad de una noche de tormenta que dejó a ambos viajeros calados hasta los huesos. Al cumplirse una semana de camino, llegaron a un reino cuyo monarca era un tirano que gobernaba con mano de hierro. Al alumno no le daba buena espina el lugar y sugirió pasar de largo, pero su maestro indicó que era el momento de hacer un alto en el camino. Así se hizo y no tardaron en caer presos bajo la sospecha de ser espías y ser llevados ante el rey.

Como cualquier tirano que se precie, este no se andaba con rodeos, así que ni se inmutó al ordenar la inmediata ejecución de esos dos criminales a los que acaban de echar el guante. Aún estaban resonando las palabras del rey, cuando cinco soldados levantaron sus espadas sobre el petrificado discípulo, dispuestos a ejecutar la pena capital. En medio de esta vorágine, surgió la voz del filósofo:

—¡Un momento, majestad! ¡Deseo morir yo primero! ¡Ejecutadme a mí sin demora, por favor!

Inmediatamente dio la señal acordada a su alumno. Este, aterrado, tuvo un momento de duda. Pero inmediatamente hizo de tripas corazón y gritó la frase que había memorizado:

—¡No, deseo morir en lugar del filósofo!

Первые дни путешествия прошли без происшествий, за исключением одной ночной грозы, из-за которой оба путешественника промокли до нитки. После недели в пути они прибыли в королевство, монарх которого был тираном, правившим железной рукой. Ученику это место не внушало доверия, и он предложил пройти мимо, но его учитель указал, что пора сделать остановку. Так и было сделано, и вскоре они были арестованы по подозрению в шпионаже и представлены перед королем.

Как любой уважающий себя тиран, он не любил ходить вокруг да около, и даже не вздрогнул, приказав немедленно казнить этих двух преступников, которые только что попались им в руки. Слова короля все еще раздавались эхом, когда пятеро солдат занесли свои мечи над окаменевшим учеником в готовности исполнить смертный приговор. Во всем этом водоворот событий раздался голос философа:

– Одну секундочку, ваше величество! Я хочу умереть первым! Казните меня немедленно, пожалуйста!

Он тут же дал условный знак своему ученику. Тот, в ужасе, на мгновение засомневался. Но сразу собрал волю в кулак и выкрикнул заученную фразу:

– Нет, я хочу умереть вместо философа!

Los soldados se detuvieron y, con las espadas aún en alto, dirigieron sus ojos al tirano que, sumamente desconcertado ante lo insólito de la situación, exigió una explicación. El filósofo, con tono persuasivo, comenzó a explicar con pelos y señales sus supuestas investigaciones en el campo de la magia. El rey escuchaba sin pestañear, pues era un secreto a voces su fascinación por el tema y estaba tan ansioso por obtener algún tipo de poder sobrenatural, que era capaz de agarrarse a un clavo ardiendo con tal de conseguirlo.

—...y bien, majestad, tras años de investigación —el filósofo fue llegando al final de su relato—, he determinado que quien muera primero en este mismo lugar hoy, resucitará y alcanzará la inmortalidad. Lamentablemente, mi egoísta discípulo, que es un desagradecido, desea lo mismo y por eso busca arrebatarme este poder.

—¡Ese don me corresponde a mí! —exclamó el tirano, convencido de la veracidad del relato—. ¡Soldados, ejecutadme!

No faltaron voluntarios dispuestos a cumplir la orden. A los pocos segundos el rey yacía muerto y, por supuesto, no volvió a la vida. El filósofo y su discípulo fueron nombrados gobernantes de la ciudad por aclamación popular, hecho que los colmó de felicidad... y también de riquezas.

Солдаты остановились и, с поднятыми мечами, устремили взгляд на тирана, который, крайне озадаченный странностью ситуации, потребовал объяснений. Философ убедительным тоном начал подробно объяснять свои так называемые исследования в области магии. Король слушал, не моргая, поскольку его увлечение этой темой было всем известным секретом, и он так жаждал получить какую-нибудь сверхъестественную силу, что был способен ухватиться за соломинку, чтобы получить ее.

– ...и вот, ваше величество, после многих лет исследований, – философ подвел к концу свой рассказ, – я определил, что тот, кто сегодня умрет первым прямо в этом месте, воскреснет и достигнет бессмертия. К сожалению, мой эгоистичный и неблагодарный ученик хочет того же и поэтому стремится отобрать у меня эту силу.

– Этот дар принадлежит мне! – воскликнул тиран, убежденный в правдивости этой истории. – Солдаты, казните меня!

Недостатка в добровольцах, готовых выполнить приказ, не было. Через несколько секунд король лежал мертвым и, конечно, не вернулся к жизни. Философ и его ученик по воле народа были объявлены правителями города, что наполнило их счастьем... и богатством.

Ejercicios

1 ¿Verdadero (V) o falso (F)?
Верно или неверно?

1. Los alumnos tenían en gran estima a su maestro.
2. A la hora de la verdad, todos se echaron atrás.
3. El tirano ordenó la ejecución del filósofo y su discípulo.
4. El rey estaba ansioso por obtener algún tipo de poder sobrenatural, pero nadie lo sabía porque era un secreto.
5. El tirano resucitó y alcanzó la inmortalidad.
6. El discípulo, aterrado, no vio la señal acordada.

2 Escoge la preposición correcta:
Выбери правильный предлог:

1. Eso suponía embarcarse **de / en** una aventura plagada **de / con** peligros.
2. Los alumnos lo apoyaban **con / contra** viento y marea.
3. No tardaron **de / en** caer presos **bajo / para** la sospecha **de / por** ser espías y ser llevados **ante / por** el rey.
4. La tormenta los dejó calados **en / hasta** los huesos.
5. El alumno tuvo un momento **de / en** duda, pero hizo **de / con** tripas corazón y gritó la frase memorizada.
6. Los soldados, con las espadas aún **en / de** alto, dirigieron sus ojos **al / del** tirano que, desconcertado **ante / a** lo insólito de la situación, exigió una explicación.

3

Completa las frases con las siguientes palabras:
Закончи предложения следующими словами:

dudas / largo / aclamación / letra
empresa / periplo / alto / espina

1. Decidió seguir el sueño al pie de la __________ .
2. Fueron nombrados gobernantes por __________ popular.
3. Albergaban ______ sobre el desenlace de semejante ____ .
4. Los primeros días de __________ pasaron sin novedad.
5. Al alumno no le daba buena __________ el lugar y sugirió pasar de __________ .
6. Era el momento de hacer un __________ en el camino.

4

Combina las columnas:
Соедини колонки:

1. El sueño no tenía ni pies ni →	a. hierro
2. El tirano no andaba con	b. cabeza
3. El maestro los había puesto en un	c. ardiendo
4. El tirano gobernaba con mano de	d. brete
5. Era capaz de agarrarse a un clavo	e. rodeos
6. Comenzó a explicarlo con pelos y	f. señales

Soluciones

Ejercicio 1: 1-V, 2-F, 3-V, 4-F, 5-F, 6-F

Ejercicio 2: 1-en, de, 2-contra, 3-en, bajo, de, ante, 4-hasta, 5-de, de, 6-en, al, ante

Ejercicio 3: 1-letra, 2-aclamación, 3-dudas, empresa, 4-periplo, 5-espina, largo, 6-alto

Ejercicio 4: 1-b, 2-e, 3-d, 4-a, 5-c, 6-f

Texto 6 Modismos y frases hechas

estar al alcance de unos pocos: быть доступным лишь избранным, быть не по карману большинству

ser lo de menos: иметь мало значения

sin ton ni son: бессмысленный, без меры и разума

aunque me fuera la vida en ello: даже если бы это стоило мне жизни

a merced de algo/alguien: под властью чего-то/кого-то

un ojo de la cara: очень дорого, целое состояние

así como así: просто так

a lo sumo: в лучшем случае

no dar su brazo a torcer: быть непреклонным, стоять на своем

ablandar el corazón de alguien: смягчить чье-то сердце

dar en el clavo: угадать, попасть в яблочко

ser de buena cuna: быть из хорошей семьи, благородного происхождения

no mover un dedo: не шевельнуть пальцем

como si la cosa no fuera con alguien: как будто это кого-то не касается

sin paños calientes: откровенно и прямо, ничего не скрывая

ponerse como loco: впасть в бешенство, вести себя как сумасшедший a grito pelado: громко, во всю мощь голоса

echar cuentas: считать, делать расчеты

en un visto y no visto: в мгновение ока

¿cómo se puede ser tan...?: как можно быть таким...?

Dinero y libertad

Audio 6

Es bien conocido que hay cosas que el dinero no puede comprar. Pero esto no parecía afectarle a un hombre de inmensa fortuna, conocido por muchos como Don Dinero. Si algo solo estaba al alcance de unos pocos, él era el primero en comprarlo. El precio era lo de menos. Además, después de gastar sin ton ni son, solía regalar sus compras a sus amigos, ya que lo importante para Don Dinero no era lo que hubiera adquirido, sino el hecho de que todos supieran que solo él podía permitirse semejante dispendio.

Pero había algo que nunca habría regalado a nadie, aunque le fuera la vida en ello: su pájaro favorito. No era un pájaro cualquiera, sino el ave más extraordinaria jamás vista en cautividad. Portaba unas plumas doradas poco comunes, de gran belleza y su simple vista causaba admiración. El desdichado animal, que solo ansiaba regresar a su hogar, vivía en una jaula a merced de Don Dinero, que se había gastado una fortuna en su adquisición.

Деньги и свобода

Всем известно, что есть вещи, которые нельзя купить за деньги. Но это, казалось бы, никак не относилось к мужчине с огромным богатством, которого многие знали под именем Дон Деньги. Если что-то было по карману только избранным, он был первым, кто это покупал. Цена не имела значения. Кроме того, после бессмысленных трат он обычно дарил свои покупки друзьям, так как для Дона Деньги важно было не то, что он купил, а факт, что все знали, что только он мог позволить себе подобное расточительство.

Но было что-то, что он никогда бы не подарил никому, даже если бы это стоило ему жизни: его любимую птицу. Это была не просто птица, а самое удивительное пернатое, когда-либо державшееся в неволе. У нее были необычные золотые перья неземной красоты, и один лишь вид ее вызывал восхищение. Несчастное животное, которое только и жаждало вернуться домой, жило в клетке во власти Дона Деньги, который потратил целое состояние на ее приобретение.

Una mañana, nuestro acomodado protagonista estaba preparando la maleta para irse a la India por asuntos de negocios. Conocedor de que aquella era la tierra natal de su pájaro, le dio por preguntarle si deseaba que le trajera algún regalo. Total, si le compraba de todo a sus amigos, ¿por qué no iba a mimar también a su pájaro predilecto?

—Quiero el regalo de la libertad, para poder volver a casa —respondió afligido el animal.

—No —replicó el hombre con tono firme—. Me has costado un ojo de la cara, así que no voy a soltarte así como así. A lo sumo, te puedo comprar un regalo y punto.

—Si no puede ser la libertad, vete entonces a la selva y cuenta a mis parientes la historia de mi triste destino.

Don Dinero tenía fama de duro y de no dar su brazo a torcer, pero escuchar esa voz lastimera le ablandó el corazón y terminó por ceder a la petición. A su llegada a la India, se adentró en la selva en busca de los parientes de su ave. Después de dejar tras de sí un largo trecho, se encontró un ave del mismo porte que la que yacía cautiva en su hogar. Supuso que tenía que ser un pariente cercano de su pájaro y dio en el clavo. Como hombre de buena cuna, en primer lugar saludó cortésmente, para a continuación pasar a contar toda la historia.

Однажды утром наш зажиточный герой готовил чемодан для деловой поездки в Индию. Зная, что это родина его птицы, он решил спросить, хочет ли она, чтобы он привез ей какой-нибудь подарок. В конце концов, если он покупал всякую всячину своим друзьям, то почему бы не побаловать и свою любимую птицу?

– Я хочу дар свободы, чтобы вернуться домой, – ответило огорченно животное.

– Нет, – ответил мужчина твердо. – Ты стоила мне целое состояние, так что я не отпущу тебя просто так. В лучшем случае, я могу купить тебе какой-нибудь подарок, и точка.

– Если свободы быть не может, то иди в джунгли и расскажи моим родным историю о моей печальной судьбе.

Дон Деньги славился своей твердостью и непреклонностью, но услышав этот жалобный голос, его сердце смягчилось, и он согласился с просьбой. По приезде в Индию он углубился в джунгли в поисках родных своей птицы. Оставив позади большой отрезок пути, он встретил птицу такого же вида, что и та, которая была в неволе у него дома. Он предположил, что она должна быть близким родственником его птицы, и угадал. Как человек благородного происхождения, он сначала вежливо поприветствовал ее, а потом рассказал всю историю.

Cuando hubo terminado su narración, el pájaro se desplomó en el acto y dejó de respirar. Al parecer, el animal acababa de morir de tristeza al conocer el destino de su pariente. El hombre no hizo nada por la criatura. Simplemente se quedó un rato pensativo, sin mover ni un dedo, y después, se fue como si la cosa no fuera con él.

Al regresar a casa, Don Dinero relató a su ave todo lo acontecido sin paños calientes y, nada más finalizar, vio como esta también se desplomaba mortalmente. Todo parecía indicar que el animal había muerto de pena al enterarse de que su pariente había fallecido. Don Dinero se puso como loco. Abrió la jaula entre sollozos, colocó cuidadosamente el cadáver sobre la mesa y empezó a pedir ayuda a grito pelado, mientras echaba cuentas del dinero que acaba de perder. Entonces, se le ocurrió llamar a un veterinario y se giró para buscar su teléfono. Fue en ese momento cuando el pájaro abrió los ojos y, en un visto y no visto, salió volando por la ventana.

—¿Cómo se puede ser tan ingenuo? —exclamó el ave—. Mi pariente me enseñó qué hacer, y tú me has transmitido su consejo sin saberlo. ¡Por fin soy libre!

Así fue como Don Dinero descubrió una cosa que él no podría poseer por mucho que pagara: ansias de libertad.

Когда он закончил свой рассказ, птица тут же упала и перестала дышать. По всей видимости, животное сразу умерло от горя, узнав судьбу своего родственника. Мужчина ничем не помог этому существу. Он просто остался стоять в размышлении, даже пальцем не пошевелив, а потом ушел, как будто это его вовсе не касалось.

Вернувшись домой, Дон Деньги рассказал своей птице все, что случилось, ничего не скрывая, а когда закончил, увидел, как та тоже упала мертвой. Все указывало на то, что птица умерла от горя, узнав, что умер ее родственник. Дон Деньги чуть не сошел с ума. Рыдая, он открыл клетку, осторожно положил мертвое тело на стол и стал громко просить о помощи, одновременно подсчитывая потерянные деньги. Тогда ему пришла в голову идея позвонить ветеринару и он отвернулся, чтобы найти свой телефон. В этот момент птица открыла глаза и в мгновение ока вылетела в окно.

– Как можно быть таким наивным? – воскликнула птица. – Мой родственник показал мне, что надо делать, а ты передал мне его совет, даже не зная об этом. Наконец-то я свободна!

Так Дон Деньги узнал, чем он не может владеть, сколько бы денег он ни заплатил: жаждой свободы.

Ejercicios

1 ¿Verdadero (V) o falso (F)?
Верно или неверно?

1. El ave de Don Dinero no era un pájaro cualquiera, sino el ave más extraordinaria jamás vista en cautividad.
2. El desdichado animal solo ansiaba regresar a su hogar.
3. El hombre se fue a la India para hacerle un regalo a su ave.
4. Don Dinero se adentró en la selva y se desplomó.
5. El hombre no hizo nada por la criatura en la selva.
6. Don Dinero le transmitió al ave el consejo de su pariente.

2 Escoge la preposición correcta:
Выбери правильный предлог:

1. Si algo solo estaba **del / al** alcance **de / a** unos pocos, él era el primero **para / en** comprarlo.
2. El animal vivía en una jaula **de / a** merced de Don Dinero, que se había gastado una fortuna **en / por** su adquisición.
3. Le dio **en / por** preguntarle si deseaba algún regalo.
4. Don Dinero terminó **con / por** ceder a la petición.
5. Abrió la jaula **entre / a** sollozos y empezó a pedir ayuda **en / a** grito pelado, mientras echaba cuentas **al / del** dinero que acababa **por / de** perder.
6. **En / A** un visto y no visto, el ave salió volando por la ventana.

3

Completa las frases con las siguientes palabras:
Закончи предложения следующими словами:

predilecto / ablandó / cuna / cosa
fortuna / lastimera / sumo / mimar / ton

1. Era un hombre de inmensa _______ y gastaba sin _______ ni son.
2. ¿Por qué no iba a _______ también a su pájaro _______ ?
3. A lo _______ , te puedo comprar un regalo y punto.
4. Escuchar esa voz _______ le _______ el corazón.
5. Como hombre de buena _______ , saludó cortésmente.
6. Se fue como si la _______ no fuera con él.

4

Combina las columnas:
Соедини колонки:

1. Me has costado un ojo de la →	a. dedo
2. El precio era lo de	b. calientes
3. Tenía fama de no dar su brazo a	c. cara
4. Se lo contó todo sin paños	d. menos
5. Se quedó un rato sin mover ni un	e. loco
6. Don Dinero se puso como	f. torcer

Soluciones

Ejercicio 1: 1-V, 2-V, 3-F, 4-F, 5-V, 6-V

Ejercicio 2: 1-al, de, en, 2-a, en, 3-por, 4-por, 5-entre, a, del, de, 6-En

Ejercicio 3: 1-fortuna, ton, 2-mimar, predilecto, 3-sumo, 4-lastimera, ablandó, 5-cuna, 6-cosa

Ejercicio 4: 1-c, 2-d, 3-f, 4-b, 5-a, 6-e

Notas

Notas